# সংখ্যার গল্প

# THE NUMBER STORY

## SMALL BOOK ONE

### ENGLISH - BANGLA

## *Numbers Teach Children Their Number Names*

written and illustrated by

# MISS ANNA

Early Reader Edition of *The Number Story 1*
Bronze Medal Winner, 2016 Wishing Shelf Book Award

Library of Congress Control Number: 2018902040

Names: Miss Anna, author.
Title: Number story : numbers teach children their number names / Miss Anna.
Description: Portland, OR: Lumpy Publishing, 2018.
Identifiers: ISBN 978-0-9962164-0-1| LCCN 2018902040
Summary: The pictures and rhymes present stories which introduce numbers 0-10.
Subjects: LCSH Numeration—English--Bangla--Pictorial works--Juvenile literature. | BISAC JUVENILE NONFICTION /
Languages: English--Bangla
Classification: LCC QA141.3 .M57 2018 | DDC 513—dc23

Publisher: Lumpy Publishing
Website: www.missannabooks.com
Email: missanna@missannabooks.com

Paperback: ISBN 978-0-9962164-0-1
Printed in the U.S.A.    1 3 5 7 9 10 8 6 4 2

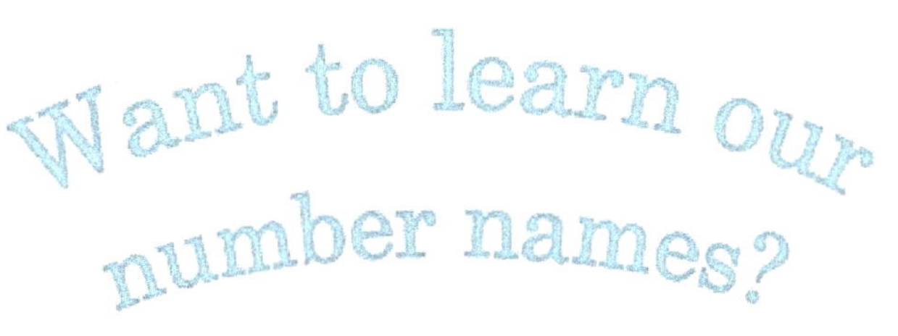

সংখ্যার নামগুলি কি তুমি শিখতে চাও?

It is very easy and a lot of fun!

এটি অত্যন্ত সহজ এবং অনেক মজার!

Say-along our little jingle

আমাদের সাথে ছোট্ট গল্পটি গাও!

starting from Number One!

চল আমরা সংখ্যা এক থেকে শুরু করি!

# 1

 looks like my one finger.

১ ☆ এক

এটি দেখতে আমার একটি আঙ্গুলের ন্যায়।

ONE!
এক!

# 2

TWO trails a tail.

২ ☆ দুই

এর একটি লেজ আছে।

A TAIL! একটি লেজ!

# 3

THREE   has bumps.

৩ ☆ তিন

এর আছে টিলা।

টিলার দিকে তাঁকাও!

4

FOUR   carries a sail.

৪ ☆ চার

এটি নৌকার পাল।

A SAIL!
একটি পালতোলা নৌকা!

# 5

FIVE   is a racing track.

৫ ✩ পাঁচ

এটি একটি দৌড় প্রতিযোগীতার পথ।

VROOM
فروم!

# 6

S I X   curves like a snail.

৬ ☆ ছয়

এটি শামুকের মত বেঁকে থাকে।

A SNAIL! একটি শামুক!

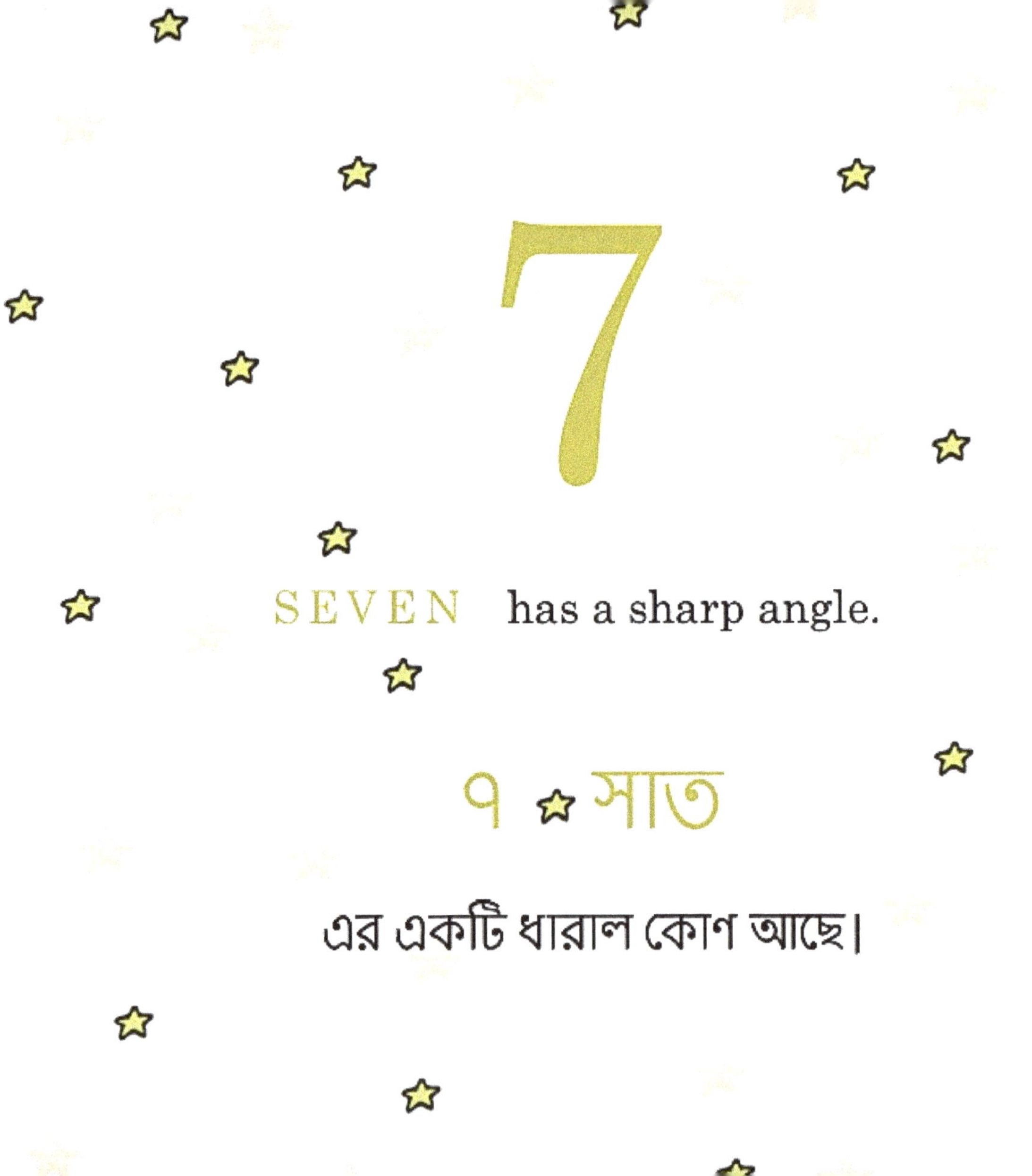

7

SEVEN   has a sharp angle.

৭ ✦ সাত

এর একটি ধারাল কোণ আছে।

BE CAREFUL! IT'S SHARP!
সাবধান! এটি ধারাল!

EIGHT   is rollercoaster rails.

৮ ✿ আট

এটি একটি রোলারকোস্টার।

হিপ্পী!
YIPPEE!

# 9

NINE   is a bubble on a stick.

৯ ✩ নয়

এটি লাঠির উপর যেন একটি বুদ্বুদ।

A BUBBLE!

একটি বুদ্বুদ!

TEN   is an eye of a whale.

১০ ☆ দশ

এটি যেন তিমির একটি চোখ।

HELLO!

শুনেছ!

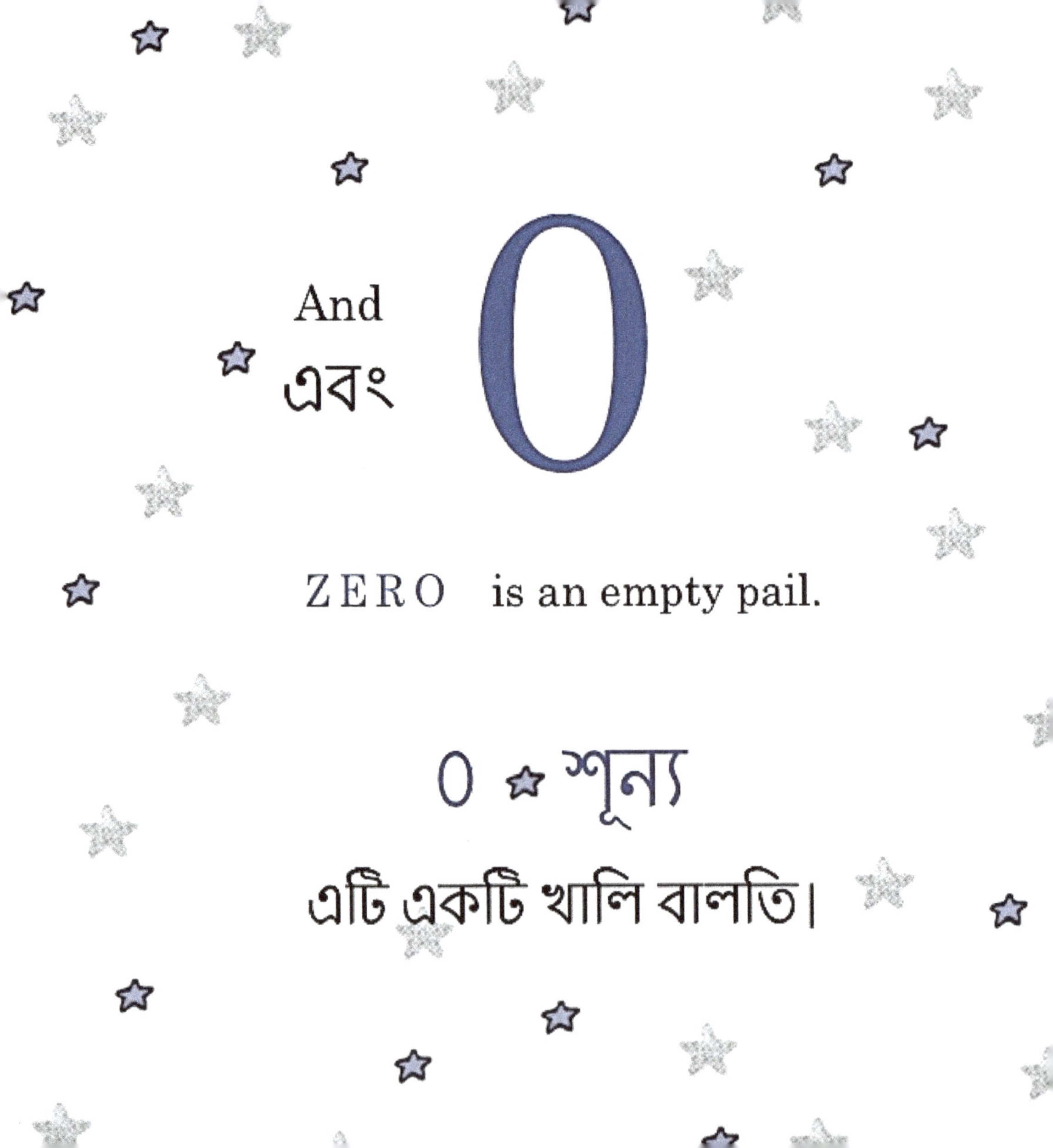

And এবং
0
ZERO   is an empty pail.
0 ✶ শূন্য
এটি একটি খালি বালতি।

IT'S
EMPTY!
এটি খালি!

Thank you for playing with us today.

We had a lot of fun too!

আজকে আমাদের সাথে খেলার জন্য ধন্যবাদ।

আমারাও অনেক আনন্দ পেয়েছি!

We are your Number friends,
Zero to Ten,
Who will be here for you~
আমরা তোমাদের সংখ্যা বন্ধু
শূন্য থেকে দশ পর্যন্ত।
আমরা তোমাদের জন্য এখানেই থাকব।

Bye-bye now!
See you again soon!
এখনকার মত বাই–বাই!
শীঘ্রই আবার তোমাদের সাথে দেখা হবে!

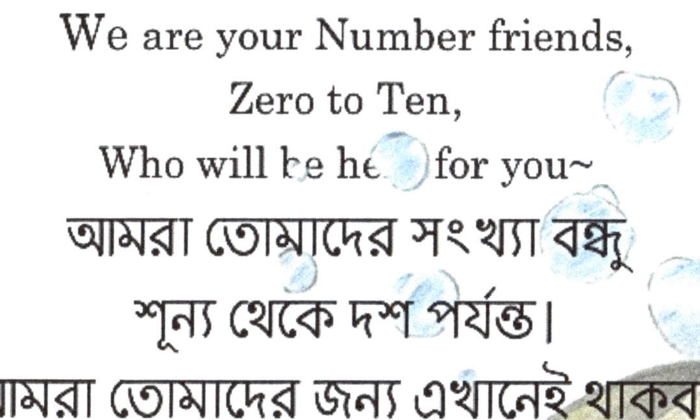

The Numbers are *SINGING* too!

To sing-a-long, look for Miss Anna Number Story
at your favorite music store like iTUNES.

MP3

Numbers 0-10
IDENTIFYING
& COUNTING

Numbers 11-20
& Ordinals
first, second, third...

Numbers 0-100
& Place Values
ones, tens, hundreds...

About Clocks
& Telling Time
hours, minutes, seconds...

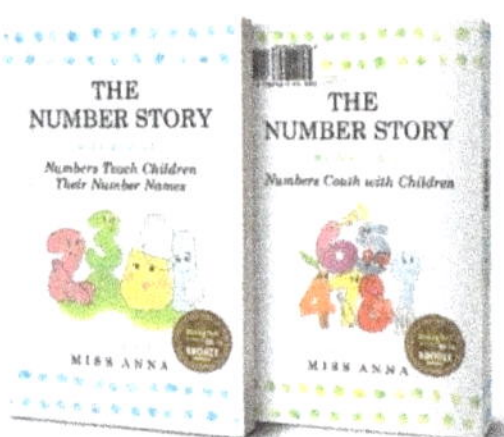

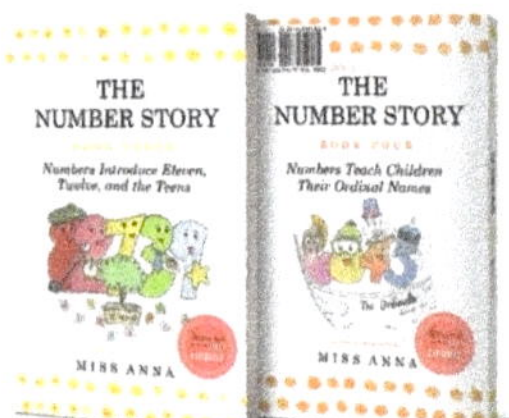

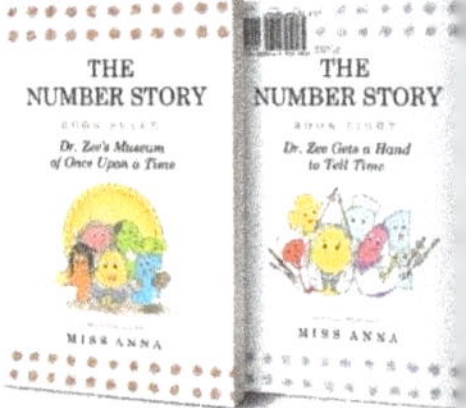

Number Story 1 & 2
isbn: 978-0-996216-48-7

Number Story 3 & 4
isbn: 978-1-945977-01-5

Number Story 5 & 6
isbn: 978-1-945977-06-0

Number Story 7 & 8
isbn: 978-1-949320-40-

For more Miss Anna books to love,
visit us at

www.missannabooks.com

Numbers are working hard all over the world!
*Come Travel the World with Us!*